AF338678

ADIEUX

A MM. LES DÉPUTÉS

DE LA SESSION DE 1817 A 1818.

Ouvrages nouveaux *qui se trouvent chez les mêmes Libraires:*

DE LA JUSTICE CRIMINELLE EN FRANCE, d'après les lois permanentes, les lois d'exception et les doctrines des tribunaux; par M. *Berenger*, ancien avocat général: un fort vol. in-8º. Prix, 7 fr. 5o c., et 9 fr. 5o c. franc de port.

QU'EST-CE QUE LE CLERGÉ DANS UNE MONARCHIE BONSTITUTIONNELLE? ou de l'église selon la charte; par M. le chevalier de *Bail*, auteur *des Juifs ou* 19ᵉ *siècle*: 1 vol in-8º. Prix, 4 fr., et 5 fr., franc de port.

CATÉCHISME DE LA CHARTE CONSTITUTIONNELLE, à l'usage de toutes les classes de citoyens, ou dialogues entre un curé vendéeu devenu constitutionnel et un grenadier de l'ex - garde redevenu cultivateur; par M. Joseph *Rey* (de Grenoble): in-8º. Prix, broché, 1 fr. 8o c., et 2 fr.15 c., franc de port.

LE CRI DE LA NATION sur la Politique et l'administration civile, économique et financière du MINISTÈRE depuis deux ans, par Alexandre *Crevel*, auteur du *Cri des Peuples*, avec un supplément servant d'introduction à la défense relative *à la saisie du Cri des Peuples*; in-8º. Prix, broché, 2 fr. 5o c., et 3 fr. 10 c., franc de port.

RÉPONSE AU DISCOURS DE MILORD STAOHOPE sur l'occupation de la France par l'armée étrangère; *deuxième édition*, la première ayant paru à Londres; in-8º. Prix, broché, 1 fr. 25 c., et 1 fr. 5o c., franc de port.

RÉFLEXIONS SUR LA PROTESTATION DU PAPE PIE VII relative A AVIGNON et au COMTAT VENAISSIN, par M. *Moureau* (de Vaucluse), avocat; in-8º. Prix, broché, 1 fr. 5o c., et 1 fr, 75 c., franc de port.

De l'Imprimerie de madame Jeunehomme-Crémière, rue Hautefeuille, nº 20.

ADIEUX

A MM. LES DÉPUTÉS

DE LA SESSION DE 1817 A 1818;

PAR UN HABITUÉ DES SÉANCES.

~~~~~~~~~~~~~

PARIS,

L'HUILLIER, Libraire-Éditeur, rue Serpente, n.° 16;

1818
~~~~~~~~~~~~~

ADIEUX

A MM. LES DÉPUTÉS

DE LA SESSION DE 1817 A 1818.

MESSIEURS LES DÉPUTÉS DE LA
SESSION DE 1817,

Vos travaux touchent à leur fin. Il est probable que, sans la nécessité d'avoir un budget
tous les ans, nous ne jouirions pas du plaisir
de vous voir si souvent ni si long-temps. Ainsi
donc, puisque cet objet principal de votre
mission est rempli, nous devons nous attendre à vous voir congédier d'un instant à l'autre.
C'est pour cela, Messieurs, que je prends d'a-
vance la liberté de vous adresser mes adieux.

Ordinairement votre départ est impatiemment attendu par les ministres, qui trouvent en vous des censeurs incommodes : par la même raison, il est vu avec peine de tous ceux qui, n'ayant pas le bonheur d'être les délégués du pouvoir, trouvent dans votre présence une garantie de leur tranquillité et un recours contre l'arbitraire. Je ne sais s'il en sera de même cette année ; votre présence en a si peu imposé, le ministère s'est mis tellement à l'aise et a paru si peu s'embarrasser de vos réclamations, de vos plaintes et de votre opinion, que votre départ ne peut presque rien changer à la marche des affaires. La fin de la session est donc maintenant une chose peu importante, nous n'y perdrons que la jouissance d'un seul droit, celui de pétition, et d'après la manière dont il a été exercé pendant cette session, vous conviendrez qu'il n'est pas difficile de s'en consoler.

On attendait de grands biens de la session qui va finir. Si les espérances de la France n'ont pas été entièrement trompées, elles sont aussi bien éloignées d'avoir été entièrement remplies. Toutefois, nous ne sommes pas assez injustes pour ne vous tenir compte de vos efforts, qu'en raison des résultats positifs qu'ils ont produits. Si telle était notre manière de

vous juger, loin de vous adresser des remercîmens, nous vous ferions peut-être des reproches; mais nous ne sommes point ingrats,
Messieurs, nous savons distinguer ce que
vous avez voulu faire, de ce qui a été fait
malgré vous, et nous ne vous accusons pas
de tout ce qu'il n'a pas dépendu de vous
d'empêcher.

Cependant, la situation où vous nous laissez
n'est pas riante. En vous disant adieu, nous
allons vous en offrir le tableau. Nous jetterons
un coup d'œil sur les travaux qui ont signalé
le cours de la session, et un examen rapide
des différentes parties qui ont été l'objet de
vos délibérations, nous apprendra quel en
a été le résultat.

En suivant l'ordre de vos discussions, nous
nous occuperons d'abord de ce qui concerne
la liberté de la presse.

Un projet de loi vous a été présenté; son
but était, bien entendu, de *nous garantir
l'exercice de cette précieuse liberté*. Point de
liberté de la presse, vous a-t-on dit, sans ré-
pression des délits qu'elle occasionne, or pas
de meilleur moyen pour réprimer ces délits,
que de les prévenir; par conséquent, il fallait
considérer le dépôt à la police comme une

(8)

publication , poursuivre l'auteur pour des provocations contenues dans un ouvrage qui n'aurait pas vu le jour, et lui faire appliquer les indulgentes dispositions de la loi du 9 novembre par un tribunal de police correctionnelle.

Vous n'avez pas voulu entendre, Messieurs, que déposer fut publier, et que prévenir fut réprimer. Tous les subterfuges, toutes les subilités ont été vainement employés pour vous arracher cette absurde concession ; vous avez été inébranlables et vous avez montré que des sophismes d'écolier ne pourraient vous faire dévier du chemin de la droite raison. Vous vous êtes montrés moins inflexibles sur l'article du jury : mais ici on avait usé des grands moyens. Après une nouvelle théorie sur le droit d'amendement, on a fini par vous dire, faute de meilleures raisons, qu'on n'y consentirait jamais et que l'amendement, ne passerait pas, parce qu'on n'en voulait pas ; c'était peut-être le cas de lever la séance et de dire que quand on pouvait employer de pareils argumens, toute discussion devenait inutile ; mais vous avez pris la chose moins au sérieux et vous avez renoncé au jury, renonciation peu importante en définitif, puisque la loi sortant de vos mains avec l'amendement de l'article 8 si désastreux pour les ministres, a été rejetée par la chambre des pairs.

Cette discussion n'a point été stérile, elle a rendu familière à tous les Français la grande question qui vous occupait. Grâces à vous, il n'en est pas un qui ne sache en quoi consiste l'exercice du droit que vous avez défendu, qui ne sache à quelle espèce de juridiction doit appartenir la connaissance des délits qu'il entraîne. Il n'est personne qui ne sourie de pitié en entendant dire que prévenir les délits c'est les réprimer, et qui ne sente qu'en semblable matière il n'y a que les jugemens par jurés qui ne seront point infirmés par l'opinion publique. Tels sont, Messieurs, les effets moraux de votre discussion ; en voici les résultats positifs.

Les saisies sont plus nombreuses que jamais. Ces saisies se font avant que le *récépissé* soit délivré en vertu de ce principe si lumineux et si cher, que déposer c'est publier. Le tribunal de police correctionnelle ne pourra bientôt plus suffire à l'occupation qu'on lui donne. Le grand correcteur des écrivains politiques s'escrime à disséquer, à isoler, à commenter les phrases des écrits saisis et à exploiter la mine féconde des provocations indirectes. Enchérissant, dans l'emphase de ses plaidoyers, sur l'emphase de sa *Gaule poétique,* il use généreusement du privilége d'insulter, d'humilier les écrivains poursuivis, sûr qu'on ne pourra lui répondre sans être accusé de manquer au ministère public. Enfin , ce ne sont plus des emprisonnemens de trois mois et de légères amendes qu'on prononce ; mais bien de bonnes amendes de quatre à cinq cents francs et des emprisonnemens de six mois et d'un an. M. le procureur du roi ne reste pas en arrière dans une circonstance aussi importante. Lorsque l'auteur appelle de son arrêt, ce digne magistrat se dépêche d'appeler *à minimâ,* d'un jugement qui a cependant outrepassé les conclusions du ministère public, et la cour royale, statuant sur les deux appels, double, triple ou quadruple l'emprisonnement et prononce une amende quarante ou cinquante fois plus forte. Cette cour paraît vouloir disputer au tribunal de police correctionnelle l'estime et l'admiration de la France entière.

Tel est, Messieurs, l'état actuel de la presse en France, et puisque c'est en votre présence que tout cela se passe, nous n'avons qu'un

surcroît de rigueur à attendre après votre départ. Cet état d'oppression ne fera donc probablement qu'empirer jusqu'à la session prochaine, époque à laquelle une indulgence plé-
nière précédera peut-être de quelques jours la
présentation d'une nouvelle loi sur la presse. On
espérera que cette liberté d'un moment nous fera
fermer les yeux sur une année de persécutions,
et on en tirera avantage pour vous dire, peut-
être encore, que cet état de choses a duré *sans
inconvénient, du moins sans plainte.*

Nous restons sous l'empire de la loi
de novembre 1815, loi dont un de vous a
vainement proposé de modifier quelques ar-
ticles. Il semble que vous ayez voulu nous la
laisser dans toute son intégrité : ainsi cette loi
qu'on nous annonça comme provisoire en attendant l'établissement des cours prévôtales,
les aura vues naître et mourir, et, pleine de
force et de vigueur, elle survit à ces redoutables tribunaux dont l'apparition devait la faire
cesser. Grâces à une marche si franche et si
loyale, nous restons soumis à cette foule de dispositions, sur les cris, écrits, propos, etc., quali-
fiés de séditieux, et qui mettront les législateurs
futurs dans la nécessité de supprimer cette
expression et de lui chercher un synonyme,

tant, par l'abus qu'on en a fait, elle réveille de souvenirs à la fois odieux et ridicules. Le mot séditieux sera pour notre époque ce qu'a été dans la révolution le mot suspect ; la même réprobation les environne. Et comme quand on a voulu de nos jours rétablir cette épouvantable loi , on a changé modestement le mot de *suspects* en celui de *prévenus*, de même si la France est assez malheureuse pour qu'à l'avenir on s'occupe de lois répressives contre les séditieux, on n'osera pas y mettre cette expression qui frapperait d'opprobre et de nullité la loi qui la contiendrait.

On ne vous a présenté cette année , pour suspendre la liberté individuelle, ni loi des *prévenus*, ni loi des *machinateurs*. Comme cette importante concession ne vous a pas été annoncée à l'ouverture de la session en même temps que la suppression des cours prévôtales, il est permis de croire qu'elle n'entrait pas dans le plan du ministère ; mais d'après le peu de docilité que vous avez montrée dans la discussion sur la presse , on a prévu que vous seriez encore plus récalcitrans sur l'article de la liberté individuelle, et on n'a pas voulu en risquer l'essai ; ce qui prouve que montrer une bonne foi, du caractère, est le meilleur moyen d'économiser cette démonstration qui, pour beaucoup d'entre vous, Messieurs, est peut-être un effort assez pénible.

Nous jouirions donc dans toute sa plénitude de la liberté individuelle, si la responsabilité des fonctionnaires publics était réglée ou seulement posée en principe. Je ne prétends pas parler de la responsabilité des ministres qui paraît décidément ne devoir exister que sur le papier, et dans laquelle on veut nous accoutumer à voir un problême insoluble comme la quadrature du cercle, je parle seulement de la responsabilité des fonctionnaires publics subordonnés aux ministres. D'assez nombreuses plaintes vous ont été adressées pour vous faire connaître les vexations de tout genre que se permettent, ou du moins que se sont permises des préfets, des sous-préfets, des maires et des adjoints de maires. Des arrestations arbitraires, des violations de domicile nous ont été déférées, et quoique écartées par l'impitoyable ordre du jour, ces pétitions n'ont pas dû laisser de fixer notre attention, appuyées comme elles l'ont été par quelques-uns d'entre vous, d'une manière noble et ferme. Cependant, qui empêche que tous ces abus se renouvellent? quelle garantie avons-nous qu'ils

ne se reproduiront pas cette année? Pourrons-
nous dire que nous jouissons de la liberté individuelle tant que le caprice d'un fonctionnaire subalterne pourra troubler la tranquillité
d'un citoyen, et l'arracher à ses foyers, à ses
affaires, à ses habitudes? On ne peut se le
dissimuler, l'impunité dont jouissent ces excès
de pouvoirs ne peut qu'en produire de nouveaux, tant que ceux qui seraient tentés de
les commettre ne trouveront pas un frein dans
leur responsabilité devant les tribunaux. On a
peine à concevoir que sous l'empire de la
charte qui consacre l'égalité des citoyens devant la loi, une classe d'hommes soit placée au-
dessus de la loi, et puisse la braver insolem-
ment; c'est cependant ce que nous voyons
tous les jours.

Que de fois nous avons entendu parler avec
mépris de toutes ces constitutions qu'ont en-
fantées nos vingt-cinq années de révolution !
Qui croirait qu'aujourd'hui, qu'il n'existe plus
pour nous d'autre constitution que la charte,
on ait été tout heureux d'aller exhumer un
article de la constitution de l'an 8, et qu'en
vertu de cet article on soit venu nous annoncer en triomphe qu'un fonctionnaire public
ne peut être mis en jugement sans l'approba-

tion du conseil d'état ? Nous sommes donc encore sous l'empire de la constitution de l'an 8 ! Tout fonctionnaire public, depuis le préfet jusqu'au garde champêtre, est donc inviolable, à moins qu'il ne plaise au conseil d'état d'en ordonner autrement ! Cette escobarderie était trop grossière pour vous en imposer : quelques-uns de vous en ont fait sentir toute l'inconvenance ; mais alors on s'est prévalu d'un motif d'une nouvelle espèce pour suspendre le cours de la justice. On vous a dit que les poursuites dirigées contre les fonctionnaires justement dénoncés, pourraient réveiller les haines, donner un aliment aux passions, et autres phrases banales qui composent ce cortége de considérations méticuleuses, dont on se sert toujours pour justifier l'impunité d'une mauvaise action. Sans doute vous avez été surpris de ce langage : vous ne saviez pas encore que laisser impunis et triomphans à leur poste des hommes coupables d'abus de pouvoir, et par conséquent les autoriser presque à en commettre de nouveaux ; vous ne saviez pas, dis-je, que ce fût un moyen de calmer les passions, d'assoupir les haines, de rétablir la concorde. Bien d'autres que vous ne le savaient pas. C'est une découverte de nos jours ; elle doit faire époque.

Les plaintes que ces excès ont fait naître, ces plaintes si facilement écartées par le commode article de la constitution de l'an 8, par la crainte d'éveiller les passions, et par l'ordre du jour, que vous ne manquiez pas d'adopter, paraissent cependant avoir tracassé désagréablement les ministres, car ils viennent de prendre des mesures pour n'en plus recevoir à l'avenir, au moins en ce qui concerne les maires et leurs adjoints (1). Son excellence le ministre de l'intérieur et le garde des sceaux, pénétrés d'une tendre sollicitude pour ces pauvres maires et adjoints dont on se plaint si mal à propos, viennent de charger les préfets de poursuivre d'office ceux qui se permettraient des

---

(1) On lit dans les journaux du 5 avril l'article suivant :

« Son Excellence le ministre de l'intérieur ayant reconnu les fâcheux effets des dénonciations portées fréquemment contre les maires et adjoints, et dont l'effet inévitable est de dégoûter ou d'écarter des fonctions municipales les personnes qui sont principalement faites pour les remplir, a décidé de concert avec mon-

calomnies contre eux. Sans doute les maires et
adjoints manquent de zèle pour leur propre
réputation ; sans doute ils ne savent pas distinguer la médisance de la calomnie, et ils se
laisseraient bénévolement imputer des faits
controuvés et des griefs mensongers. Grâces
à la nouvelle décision, ils seront bien tran-
quilles, ils vont jouir paisiblement de leur
petite souveraineté municipale; car aux imputations les plus justes, on trouverait toujours bien quelque côté faible, et je ne con-
seille à personne de se plaindre. Nous verrions
bientôt les calomnies indirectes comme les
provocations indirectes, et ceux qu'on en ac-
cuserait, n'auraient peut-être pas pour eux les

---

seigneur le garde des sceaux, et conformément à l'article 373 du Code pénal et à la jurisprudence de la cour
de cassation, que MM. les préfets seraient autorisés à
faire poursuivre d'office les auteurs des dénonciations
reconnue évidemment fausses par l'autorité compé-
tente, dans le cas où elles auraient été faites de mauvaise foi, méchamment et à dessein de nuire. La plainte
en calomnie abandonnée aux parties intéressées est
assez rarement mise en usage. Elle deviendra plus efficace entre les mains de l'autorité, qui ne négligera
pas le moyen de protéger les fonctionaires municipaux contre les sourdes menées de l'intrigue.

(18)

circonstances atténuantes qui ont été si favora-
bles à un marquis, en faisant réduire à cinq fr.
l'amende prononcée contre lui.

Vous avez dû sentir tout cela, Messieurs;
sans doute il n'a pas dépendu de vous d'y remédier. Puissiez-vous être plus heureux l'année prochaine !

La France vous est redevable d'une loi importante sur le recrutement; loi que ses vœux
appelaient depuis long-temps, et qu'elle à
reçue avec acclamation. Quoique amendée
bien mal à propos sur un article important,
quoique non amendée sur un autre point où
il a été victorieusement démontré qu'elle eût dû
l'être (1), telle qu'elle est, elle mérite encore
que la nation remercie et le ministre qui vous
l'a présentée, et les députés qui l'ont adoptée.
Cette discussion a donné à beaucoup d'entre
vous l'occasion de signaler franchement les abus
qui se sont introduits dans l'armée, et grâce
au prédécesseur du ministre actuel, ce champ
était vaste. Ces abus sont trop nombreux pour
qu'on puisse y remédier de suite. Vous verrez
du moins si d'ici à la prochaine session, on se

____

(1) Le vote annuel.

sera occupé d'en faire disparaître quelques-
uns. Vous verrez si l'armée possédera encore
autant de ces individus qui, suivant l'éner-
gique expression de l'un de vous, se sont
endormis capitaines et réveillés généraux; si
beaucoup de régimens seront encore livrés
à ces colonels que leurs noms et leurs titres
ne peuvent sauver du ridicule qui s'attache
à leur personne; si tant d'emplois seront encore occupés par des privilégiés imberbes, à
l'exclusion de tant d'officiers qui expient leur
gloire dans la misère et dans les privations;
si l'armée verra encore dans ses rangs quelques-uns de ces individus si fiers de services
qui, en bonne police, leur eussent valu un bre-
vet d'une tout autre espèce que celui qui
leur donne un rang militaire. Vous verrez
enfin si la défense du territoire français sera
éternellement confiée à d'autres mains qu'à
des mains françaises; si nous soudoyerons toujours des étrangers qui, grassement payés et
largement entretenus, jouissent de distinctions
et de privilèges si injurieux pour les soldats
français, dont le bien-être semble insulter à la
détresse de tant de braves qui ont versé leur sang
pour la patrie, qui vendant chèrement leur présence en temps de paix, n'assurent pas même

au pays qui les achète, leurs services en temps de guerre; qui ne peuvent, en un mot, être considérés que comme un supplément de l'armée d'occupation chargé conjointement avec elle d'épuiser nos ressources et de dévorer notre substance. Vous verrez, Messieurs, si tout cela aura changé; je le desire encore plus que je ne l'espère.

Puisse aussi le patronage des préfets, des curés et des maires, ne pas entraver l'exécution de votre loi de recrutement, en y glissant des abus trop faciles à prévoir! Il n'y a que l'expérience qui puisse vous éclairer sur ce point, et vous n'avez pas dû devancer ses leçons.

Vous attendiez, Messieurs, plusieurs lois très-importantes qui ne vous ont pas été présentées. Je ne parle pas, encore un coup, de celle sur la responsabilité des ministres qui vous avait été présentée l'année dernière, et qu'on s'est bien gardé de faire revivre cette année. Il est convenu que cette responsabilité n'existera jamais qu'en théorie; mais vous en attendiez une sur les conseils généraux de préfecture et sur les conseils municipaux, vous l'attendiez, et la France l'attend encore. Qu'y a-t-il cependant de plus pressant que de diminuer cette autorité absolue que les préfets exercent dans leur département, qu'y a-t-il de plus pressant que d'organiser le pouvoir municipal, de manière à ce qu'il existe autrement que de nom ? Ces considérations tirent encore une nouvelle importance du caractère de la plupart de ceux qui remplissent les emplois. L'ordonnance du 5 septembre a changé le système du gouvernement ; mais presque tous ceux qui faisaient marcher ce désastreux système ou qui lui devaient leur élévation, sont encore en possession des hautes fonctions de l'administration, des commandemens militaires, des mairies, etc. On s'est borné à faire changer de résidence ceux qui avaient accumulé contre eux trop de ressentimens. Et cette mesure à laquelle on a peut-être voulu donner l'apparence d'une punition, n'a été dans la réalité qu'une faveur. Je le répète, les emplois sont toujours dans les mains des mêmes hommes depuis l'adjoint de village qui a dénoncé, tracassé ses administrés, jusqu'au général qui, pour faire oublier qu'il avait servi dans les rangs d'une armée où il n'avait laissé que d'ignobles souvenirs, vexait, sous les plus absurdes prétextes, des officiers que leur héroïque résignation mettait à l'abri de tout reproche. Une faction a triomphé un moment, et *depuis deux ans, dans nos provinces, la France exhérédée par elle, gémit de ne retrouver l'autorité que dans ses mains* (1). Je sais que le choix des agens du pouvoir exécutif ne vous regarde pas, et qu'il ne vous appartient en aucune manière de vous y immiscer. Je suis même loin de desirer une mesure épuratoire semblable à celle qui a *désorganisé l'armée, l'administration et les tribunaux* (2). Mais au moins que des institutions fortes, sages et promises depuis long-temps opposent une barrière insurmontable, apportent un remède efficace aux injustices, aux vexations, aux prétentions ou à l'ineptie de tant d'hommes dont la volonté n'a pas de contre-poids et que la justice ne peut atteindre, grâce à la constitution de l'an 8.

Vous n'avez pas eu à discuter le concordat de François Ier qui vous avait été présenté. Cette triste conception d'un négociateur suffisamment apprécié, eût sans doute éprouvé une vigoureuse opposition de la part de beaucoup d'entre vous; mais puisqu'on osait le

____

(1) Séance du 22 janvier 1818.

(2) *Ibidem.*

faire discuter, on était probablement sûr qu'il
passerait. Les scrupules d'un ultramontain zélé
vous ont épargné le dégoût de vous en occuper, et ont préservé la France du scandale de
cette discussion, qui nous eût rendus la fable
de l'Europe. Vous devez vous féliciter que
votre session n'ait pas été marquée par l'ac-
ceptation de ce traité, dont vous eussiez ré-
pondu devant la postérité. N'eût-il pas été
triste, en effet, de vous voir sanctionner un
acte si contraire à la raison et aux lumières
du siècle, quand déjà tout n'annonce que trop
les efforts que fait la superstition, pour rétablir
son empire à l'aide de l'ignorance sa compa-
gne fidèle? Nous avons des bandes de missionnaires qui parcourent les provinces, et qui
joignant à de bizarres cérémonies les ressources d'une éloquence fougueuse trouvent
moyen d'exciter la générosité du vulgaire,
qui reste ébahi devant eux. Nous avons des
jésuites, nous avons des couvens d'hommes et
de femmes qui se rouvrent où il en exista
jadis, comme pour prouver que la raison n'a
pas fait autant de progrès qu'on serait disposé
à le croire. Les frères ignorantins (1) que vous

----

(1) « Ignorantins, soit. Ils sont du moins ignorans

(24)

avez exemptés du service militaire, sont char-
gés désormais de former la jeunesse fran-
çaise à la raison, au patriotisme, aux vertus
civiques, et Paris et les provinces les revoient
promener dans les rues leur costume gro-
tesque, laissant les esprits indécis sur ce qu'il
faut admirer le plus, ou du zèle qui emploie de pareils moyens, pour faire refleu-
rir la religion, ou de ceux qui se font les ins-
trumens de cette singulière combinaison. Il
ne manquait plus que le concordat du seizième
siècle par-dessus tout cela, pour achever de
placer sous un jour bien étrange cette nation
à laquelle l'histoire assignera le premier rang
parmi les nations modernes. Nous ne vous
remercions pas, Messieurs, de nous avoir
épargné ce scandale, puisque cela a tenu à
des circonstances indépendantes de vous. Nous
ne pouvons que nous féliciter, et vous féliciter
vous-mêmes d'un si heureux hasard.

Enfin, Messieurs, dans la discussion sur le

« de tous les vices et de toutes les horreurs dont on
« couvre maintenant la France. »

C'est dans la chambre des députés que ces paroles
ont été prononcées le 30 janvier dernier.

budget, vous avez beaucoup parlé d'économies; voilà trois ans qu'on nous en parle ainsi, voilà trois ans qu'on nous annonce les grandes et fructueuses économies qui s'opèrent dans toutes les branches de l'administration : malheureusement les seuls résultats que nous en ayons vus jusqu'à présent, c'est la détresse de quelques individus privés des emplois qui les faisaient vivre, et l'augmentation progressive, chaque année, des dépenses des différens ministères. Tout cela ne vous a pas échappé, non plus que le triste essai de notre système de crédit, qui paraît si éloigné de produire les résultats qu'on en attendait. Il est à craindre que les richesses de la France ne puissent bientôt plus suffire pour faire face à de pareilles économies.

Enfin ce que vous avez presque tous senti, ce que quelques-uns de vous ont osé dire avec une fermeté qui honore leur patriotisme, c'est qu'il n'y a ni crédit, ni confiance, ni prospérité à espérer tant que la France ne sera pas délivrée de l'occupation militaire qui pèse sur elle. Ces paroles ont retenti dans tous les cœurs français. Pour accélérer un but si desirable, on vous a demandé de consentir à de grands et douloureux sacrifices. Vous y avez

consenti sans résistance, et cet effort vous a
sans doute d'autant plus coûté, qu'en impo-
sant à la France des charges énormes, en lui
faisant payer d'avance sa rançon, on ne vous
a pas donné l'assurance positive de sa déli-
vrance. On vous a présenté le départ des
troupes alliées comme probable, mais non
certain. Pour balancer des sacrifices présens,
on vous a donné des espérances éloignées,
et la loyauté des souverains alliés est la seule
garantie qu'on vous ait offerte de l'utilité des
nouveaux efforts qu'on demandait à la nation.
Puisse, dans ces circonstances, cette loyauté
égaler celle que la France a déployée dans
l'exécution de ce désastreux traité dont elle
sentira si long-temps les douloureux effets! Ce
souhait que je forme est celui que vous formez vous-mêmes, ce doit être celui de tous
les Français; car à son accomplissement est
attachée l'existence de la patrie.

Après ce rapide coup d'œil jeté sur vos
travaux et sur notre situation, il est temps de
vous adresser des remercîmens pour le bien
que vous avez fait, pour celui que vous avez
voulu faire, et peut-être quelques reproches
pour le bien que vous auriez pu faire. Si vous
formiez un tout homogène, on pourrait vous

adresser la parole collectivement ; mais votre
assemblée se compose d'élémens si différens,
que la part de la louange et du blâme ne peut
être également répartie entre tous. Il faut donc
suivre les trois grandes divisions qui se sont for-
mées dans votre sein, et parler à chacun de ces
trois corps un langage approprié aux principes
qu'il a défendus, et aux services qu'il a rendus.
Ce moyen est le seul d'éviter la confusion où
nous tomberions en continuant de parler à
l'assemblée en masse. Nous allons donc adresser successivement notre tribut d'éloges et de
remercîmens à chacun des trois corps qui
composent la chambre. Nous commencerons
cette espèce de revue de la droite à la gauche,
c'est-à-dire dans l'ordre où ils se présentent
eux-mêmes.

MESSIEURS DU COTÉ DROIT,

DE majorité que vous avez été, vous êtes devenus minorité. Le temps de votre majorité, quoique court, a laissé des traces ineffaçables. Un cri s'est élevé d'un bout de la France à l'autre, pour attester les ravages de ce désastreux système de délations et de vengeances, auquel une année de triomphes semblait ne pas avoir fourni assez d'alimens et de victimes; système qui, comblant la mesure de l'aveuglement et du délire, vous eût bientôt *ensevelis sous les débris du trône.* Cette phrase banale employée si souvent par des gens qui ont toujours évité de se faire ensevelir, eût du moins été vraie cette fois.

Les voix des détenus et des bannis, les gémissemens de tant de familles pleurant sur des tombeaux à peine fermés, vous accusaient à la fois, et loin de vous ébranler semblaient augmenter votre inconcevable ivresse. Plus d'une fois, sans doute, depuis cette époque, ce lu-

gubre concert a porté dans votre ame un re-
mords que vous avez soigneusement dissimulé,
et une terreur que vous avez laissé un peu mieux
paraître.

Un coup d'état vous sauva de vous-mêmes ;
mais aveugles encore après votre chute , vous
avez feint de ne pas voir le précipice auquel
on vous arrachait, et vous avez rejeté avec
indignation un moyen de salut qui vous en-
levait un pouvoir dont vous aviez si cruellement abusé. De là cette guerre acharnée, cette
haine profonde contre le ministère qui, pour
se sauver lui-même, frappa un grand coup qu'on
crut alors commandé par le salut de l'état, et
que la suite nous a démontré n'avoir été que
l'étroite combinaison de quelques intérêts
particuliers. De majorité vous devîntes donc
minorité. Mais comme en France il semble
qu'on ne veuille se servir de la liberté que
comme d'un manteau propre à couvrir les plans
qui lui sont le plus opposés , la majorité qui
vous succédait suivit à peu près vos principes
en les colorant d'autres motifs ; et cette révolution, faite au nom de la charte, donna le pouvoir à des hommes qui ne lui ont prouvé leur
dévouement que par des paroles. Alors obligés
par votre position , par vos ressentimens, par

votre amour propre, de combattre la nouvelle
majorité, et d'attaquer tout ce qu'elle faisait;
dès l'instant que sa marche ne fut pas constitutionnelle, force vous fut de prendre le parti
de la constitution. Ainsi cette pauvre liberté
toujours prônée, et presque toujours si mal
servie par ses prôneurs, compta au nombre
de ses champions ceux qui naguère étaient
ses plus bouillans adversaires. Ce brusque chan-
gement vous plaça d'abord sous un jour assez
ridicule; mais une fois la première surprise
passée; votre position s'en est améliorée, tant
la belle et noble cause que vous défendiez prê-
tait de forces à votre faiblesse! Heureux si de
fréquentes distractions, dont beaucoup d'entre
vous n'ont pas été maîtres, n'avaient prouvé
que vous n'étiez pas encore bien identifiés
avec votre nouveau rôle, et que votre bouche
grimaçait cruellement pour articuler des principes qu'il n'était pas possible de croire encore
gravés dans votre cœur!

Une des choses qui a le plus contribué à
rendre vos déclamations peu persuasives, c'est
qu'au milieu de discussions qui n'embrassaient
que des principes généraux, vous n'avez jamais manqué de glisser quelque chose de per-
sonnel, quelques regrets sur votre puissance

passée, quelques traits acérés contre vos adversaires, quelques louanges de vous-mêmes,
et de ce paternel régime de 1815, dont la
France ressent encore les tristes effets. Vous
cherchiez sur-tout à attirer sur vous la com-
misération, et depuis que vous ne pouviez
plus être persécuteurs, vous vous plaisiez à
vous représenter comme persécutés. Vous
vouliez qu'on vît en vous d'intéressantes victimes de la fidélité proscrites pendant vingt-
cinq ans, et proscrites encore par ceux qui
vous devaient des autels ; mais vous aviez
toujours été des êtres assez peu intéressans
pour la France, et vous l'étiez devenus bien
moins encore depuis qu'elle avait reconnu
en vous des ennemis de sa gloire, de ses institutions et de ses meilleurs citoyens. Cette
prétendue persécution ne vous donna donc
qu'un ridicule de plus, et dans le fait il fallait supposer les Français bien étrangement
aveuglés, pour leur tenir un pareil langage.
Vous, Messieurs, persécutés ! Et que pour-
ront dire vos adversaires du côté gauche,
ou du moins la classe d'hommes dont ils re-
présentent l'opinion ? Pour qui sont les faveurs,
les emplois, les distinctions ? A qui appartient
le droit d'attaquer sans ménagemens comme

sans mesure, la marche du gouvernement ?
Vous persécutés ! Eh ! les trois quarts des
emplois de toute espèce ne sont-ils pas encore
entre vos mains, depuis les hautes charges
de la cour, jusqu'aux emplois de rat de cave ;
depuis les préfectures, jusqu'aux mairies de
village ? La main qui s'appesantit si lourde-
ment sur vos adversaires, ne sentez-vous pas
comme elle devient légère quand il s'agit de
vous frapper ? Si l'entraînement de la tribune,
si la chaleur de l'improvisation, ont conduit
un homme revêtu du pouvoir à s'emporter
contre vous, voyez comme le lendemain les
journaux réparent cette inadvertance, en adou-
cissant tout ce que ses paroles ont pu avoir
de trop acerbe ! On n'ose presque jamais
vous blâmer qu'après avoir fait la part de
la louange, et cette part vous dédommage
toujours amplement des censures que vous
encourez. Si l'asservissement de la presse conduit un de vos écrivains sur les bancs de la
police, si son talent ne se met pas à l'abri
des interprétations forcées, si le systême des provocations indirectes l'oblige à
désavouer le sens qu'il a plu à un subtil bel-
esprit de découvrir dans quelques phrases
éparses de son ouvrage, le grand-prévôt de

la littérature quitte cette verge sévère avec laquelle il fouette si impitoyablement les écrivains libéraux. Vos erreurs sont si près de la vertu, qu'il ne les attaque qu'avec peine. Il fait presque amende honorable avant de s'y déterminer. Cette admirable loi de novembre, dont il a déploré l'insuffisance dans l'affaire d'un jeune homme convaincu du crime horrible d'avoir plaidé les droits du malheur, il regrette qu'elle soit si sévère quand il faut vous l'appliquer. Et après qu'il a rempli ce rigoureux ministère, comme pour obtenir sa grâce et s'absoudre à ses propres yeux, il termine par le plus foudroyant manifeste, par les plus formidables menaces contre les écrivains indépendans. Enfin, Messieurs, vous n'êtes jamais considérés que comme des brebis égarées, tandis que vos adversaires sont des loups dévorans auxquels on ne doit pas de quartier. De bonne foi, y a-t-il là de quoi tant se plaindre?

Il faut le reconnaître. Vous vous direz persécutés tant que vous ne serez pas tout-puissans; vous direz qu'on oublie vos services et votre fidélité tant que les emplois ne seront pas votre patrimoine exclusif. Cette soif des places lucratives vous est commune avec ces

messieurs du centre. Il y a cependant une diffé-
rence essentielle à établir entr'eux et vous sur
ce point, c'est que chaque député du centre
ne veut d'emplois que pour lui, pour ses parens et pour les parens de sa femme; pour
vous, le cercle de vos idées ambitieuses s'é-
tend plus loin : ce n'est pas seulement pour
vous et les vôtres, mais encore pour tous ceux
de votre parti que vous voulez des emplois
et du pouvoir. Vos prétentions sont moins
égoïstes, moins exclusives; sous ce rapport la
comparaison est à votre avantage.

Pendant la session de 1816, on a vu régner
entre vous une inaltérable union. Vous avez
montré la soumission que commande la plus
exacte discipline envers les chefs que vous
vous étiez choisis. La session actuelle n'a pas
offert l'exemple d'une union si touchante; vos
chefs auxquels de rares talens ont acquis une
juste réputation, ne veulent pas compromettre
leur renommée par ces contradictions ridicules, par ces saillies de mauvaise humeur,
par ces sorties intempestives qui s'écartent
de la ligne tracée par la raison, les conve-
nances et vos intérêts mêmes. Ainsi on les a
vus souvent se rencontrer avec les députés du
côté gauche, et lorsque récemment vos vo-

tiférations, vos cris de rappel à l'ordre cou-
vraient la voix d'un orateur, digne interprète
de l'opinion publique et des besoins de la patrie, nous avons vu vos chefs demander qu'on
continuât de l'entendre; noble exemple qu'un
peu d'élévation, de générosité ou seulement
d'adresse, vous eût tous engagés à suivre, et
qui fait espérer que ceux qui l'ont donné, re-
connaissant la faiblesse et les vices du parti
qu'ils soutiennent, consacreront sans restric-
tion leurs talens à la défense de la liberté
dont ils n'ont été jusqu'à présent que des ser-
viteurs bien équivoques.

Malgré cela, Messieurs, on ne peut contester
que vous n'ayez dignement rempli l'attente d'en-
viron 5oo mille individus, qui dispersés sur le
vaste territoire de la France, forment la partie de la nation dont vous représentez l'opinion; c'est-à-dire, les passions, les intérêts et
les prétentions. Quoique diminués par le renou-
vellement du premier cinquième, quoique af-
faiblis par une perte bien sensible, vous avez
néanmoins présenté encore un ensemble im-
posant; probablement les renouvellemens vous
affaibliront successivement; mais quelque peu
nombreux que vous soyez, le crédit qui vous
environne vous rendra toujours redoutables,

3.

et vos rangs se grossiront alors de ces frères un peu timides qui ayant des emplois, craignant de les perdre, n'osent pas se déclarer pour vous, mais qui voyant vos drapeaux abandonnés, n'hésiteront pas à s'y rallier.

Vous avez commencé par défendre la liberté de la presse ; vous aviez la raison pour vous, et vous avez été forts dans cette discussion ; néanmoins comme vous sentiez bien que l'exercice de ce droit ne peut qu'être funeste à vos projets et à vos prétentions, vous aviez adroitement songé à en maintenir à peu près le monopole exclusif entre vos mains. Telle était sans doute l'idée qui vous avait fait proposer un jury pris dans les hautes classes de la société. Au reste, cette liberté dont vous vouliez alors parce que les ministres n'en voulaient pas, vous n'en avez plus voulu dès qu'un membre du côté gauche a fait une proposition tendant à l'établir. Cette conduite un peu inconséquente a été facilement expliquée par tout le monde. On n'oubliera pas cependant que c'est vous qui avez engagé et soutenu cette discussion si sage, si lumineuse sur l'acte bizarre et inconstitutionnel qui sépara de la loi sur la presse l'article concernant les journaux. Jamais procédé plus irrégulier ne fut dénoncé avec plus de raison et de justice au blâme public. Vos raisonnemens étaient sans réplique, mais vous n'étiez pas les plus forts, et la raison a eu tort; quels qu'aient été vos motifs dans cette circonstance, les amis de la liberté vous doivent des remercîmens.

Le projet de loi sur le recrutement a été de votre part l'objet d'une opposition obstinée. Obligés cependant de transiger avec la force des choses, vous avez fait entendre quelques éloges des soldats français ; mais le résultat de ces éloges était qu'on devait se méfier d'eux, et ne pas s'en servir. Craignant même de déroger à vos principes par cette condescendance, vous n'avez nommé parmi les guerriers de la révolution que ceux qui en mourant dans les rangs des ennemis de la France, ont expié à vos yeux le crime de l'avoir servie, et vous avez toujours cité de préférence les héros de la Vendée. Ainsi, même en faisant des concessions que vous jugiez nécessaires, vous ne vous êtes pas compromis vis-à-vis de vos commettans.

Je ne sais, Messieurs, si vous consentirez à placer dans vos rangs l'auteur d'une proposition toute en votre faveur, qui doit lui donner le droit de bourgeoisie parmi vous; je veux parler de cet honnête commerçant qui , pour avoir fait cette proposition tout au moins intempestive , et de plus un fort singulier discours sur le budget, s'inquiète, dans une péroraison attendrissante, de ce qu'une main amie gravera sur sa tombe. Espérons que cette main amie n'y gravera pas qu'il a été député, et que, pour l'honneur de notre époque, la postérité ignorera que la chambre de 1817 avait dans son sein des hommes capables de débiter sérieusement de pareilles niaiseries. Cependant le rire qu'il a eu le talent d'exciter, montre qu'il peut marcher sur les traces de celui d'entre vous qui a dès long-temps le privilége d'égayer l'assemblée ; ce ne serait donc pas une mauvaise acquisition. Le négociant *ami de l'humanité* pourrait fort bien doubler le facétieux orateur qui si souvent fait naître la gaîté en traitant les matières les plus graves; il pourrait même paraître au premier rang, si son chef d'emploi venait à manquer.

Chacun de vous, Messieurs, peut emporter la conviction qu'il a fait son devoir. Les défenseurs de la religion sur-tout ont montré cette bouillante ardeur qui caractérise les gens zélés. Les pétitions des religieuses, la pétition du maire de Moirac , sur l'imprudent empressement des époux à consommer le mariage, la saisie et la suppression des livres impies, ont été l'objet de votre vive sollicitude. Heureux si le saint apôtre auquel nous devons cette édification, n'avait point, par un zèle poussé trop loin, fait avorter ce concordat que vous eussiez probablement soutenu de tous vos efforts! Il ne faut pas lui adresser de reproches, il s'en fait sans doute assez lui-même. De quelques faveurs que le comble la cour de Rome, le nommât-elle grand cordon de l'ordre de l'Éperon d'or, il ne se consolera pas d'être cause que le concordat de François Ier n'ait pas été ressuscité tout de bon.

Les défenseurs de la noblesse ne sont pas restés en arrière; ils n'ont pas manqué une occasion de paraître dans la carrière et d'y ferrailler en faveur de tout ce qui est gothique, contre tout ce qui est nouveau. Pourrait-on oublier, à ce sujet, les titres que des députés français ont acquis à la reconnaissance des Suisses? Défendus chaudement par plusieurs d'entre vous, vous ne les avez pas crus sans doute suffisamment vengés des attaques dirigées contre eux. Celui qui a déjà tant fait pour nous ramener aux douceurs de la législation primitive, paraît, et il laisse tous ses rivaux

bien loin derrière lui ; ordinairement sem=
blable aux oracles de l'antiquité, il aime à
s'entourer d'une mystérieuse obscurité ; mais
cette fois il va parler clairement, et vous dire
que les Suisses sont meilleurs Français que
beaucoup de Français. Ici, il faut se taire, les
expressions manquent, et on ne sait ce qu'on
doit admirer davantage, ou de l'impudence
de l'orateur qui se permet une pareille asser-
tion, ou de la bonhomie des citoyens qui
l'ont choisi pour leur représentant, ou de l'indulgence de ceux qui ont cherché à l'excuser.

Appuyés sur de pareils titres, Messieurs,
vous pouvez vous présenter avec orgueil à vos
commettans. Leurs félicitations, leurs remercîmens vous accueilleront à votre arrivée.
Votre triomphe n'aura pas autant de spectateurs qu'en 1816, on n'ira pas au-devant de
vous sur la grande route ; on ne mettra pas
en réquisition la musique de toutes les guin-
guettes de l'endroit ; on ne commandera pas,
sous peine de dénonciation, l'enthousiasme des
bourgeois pour leur faire prendre les armes ; le
clergé n'ira pas à votre rencontre avec la
croix et la bannière. Ces beaux jours sont
passés. Mais c'est dans les salons, c'est dans
les castels qu'un triomphe bien flatteur encore

vous attend ; c'est là que vous recueillerez le fruit de vos travaux pendant la session actuelle. Pourrait-on vous refuser ce prix de vos efforts, ce prix que vous paraissez avoir ambitionné, et le seul auquel vous puissiez prétendre ? Les faits parlent assez en votre faveur : vous avez déclamé contre la révolution et contre tout ce qu'elle a établi ; vous avez crié à l'irréligion, à l'impiété, au scandale ; vous avez injurié la génération présente et dénigré tout ce qu'elle a fait ; vous vous êtes opposés à tout ce qui pouvait flatter l'humeur nationale ; vous avez étouffé la voix de ceux qui parlaient contre les proscriptions ; vous avez parlé contre les vétérans, et en faveur des frères ignorantins ; vous avez défendu les Suisses ; vous avez fait l'apologie des cours prévôtales : l'énonciation de tous vos titres serait trop longue, et je terminerai par un éloge qui les renferme tous... :

Vous avez bien mérité du faubourg Saint-Germain !

~~~~~~

MESSIEURS DU CENTRE,

J'ÉPROUVE un certain embarras en vous adressant la parole. Vous êtes les favoris du pouvoir, et à ce titre, il est toujours dangereux de vous déplaire. Comment cependant être sûrs de ne pas avoir ce malheur; comment savoir le ton sur lequel on doit vous parler? Il est difficile de trouver un langage qui vous convienne: on est bien moins embarrassé, sur ce point, avec les deux ailes de l'armée dont vous formez le centre. En effet, chacun de ces deux côtés a une attitude franche et une physionomie décidée. Pour vous, plus changeans que les enfans d'Éole, vous ne conservez jamais une position fixe; placés entre les deux extrémités, vous penchez tantôt d'un côté, tantôt de l'autre; celui que vous flattez aujourd'hui, vous l'injuriez demain. Malgré cette incroyable mobilité, vous formez une masse imposante et iné-
~~~~~~

branlable. Ce qu'il vous est ordonné de vouloir devient un arrêt du destin, et tous les efforts de l'opposition viennent se briser contre votre impassible volonté, comme les flots de l'Océan contre les rochers qui lui servent de limites. Vous nous rappelez parfaitement ces disciples des philosophes de l'antiquité, qui, lorsque leur oracle avait parlé, croyaient répondre à toutes les objections par ce mot : *le maître l'a dit.* Quand le maître a parlé, persuadés ou non, vous êtes toujours prêts à soutenir qu'il a bien dit ; et la raison en personne viendrait vous démontrer qu'il a tort, que ses argumens seraient en pure perte, et vous lui donneriez un démenti.

C'est vous, Messieurs, qui tenez notre sort entre vos mains. Vous êtes au milieu de l'assemblée comme un corps inerte ; mais par votre force d'inertie, vous l'emportez sur tout ce qui vous environne. On ne peut rien vous dire sur votre système politique, car votre grand système est de n'en point avoir. Protées insaisissables, vous échappez au blâme comme à la louange, et quiconque vous aurait étudiés pendant toute une session, serait peut-être aussi embarrassé que vous-mêmes pour dire quels sont vos principes. Ces principes varient autant que la marche du ministère qui, jusqu'à présent, ne s'est pas piqué d'une marche bien ferme et bien invariable. Les yeux fixés sur lui, vous attendez chaque jour que, d'un signe, il vous fasse connaître ce qu'il faut penser, ce qu'il faut dire ce jour-là; puis le lendemain, s'il faut penser et dire le contraire, aussitôt le commandement reçu, vous l'exécutez avec une intrépidité de raisonnement et une apparence de conviction qui déconcerte quelquefois ceux qui croient encore à la conscience. C'est par cette conduite que vous avez mérité qu'on vous décernât le titre de *bons citoyens*, dans l'acception que le ministère veut que l'on donne à ce mot.

Pour être *bon citoyen* aujourd'hui, il faut n'être d'aucun parti, c'est-à-dire, n'avoir aucune opinion prononcée, et suivre une ligne oblique et tortueuse, qui permette, à tout événement, de dire au parti triomphant qu'on l'a toujours servi du fond de l'ame, et que c'est pour son bien qu'on l'a quelquefois injurié et opprimé. Par parti, on entend également l'opinion de la nation entière qui veut l'exécution de la loi fondamentale et celle de cinq cent mille individus qui ne veulent pas de loi fondamentale. C'est entre ces deux partis qu'il faut marcher sans avoir l'air de tenir plus à l'un qu'à l'autre. Suivant que ce que l'on veut obtenir se rapproche de l'opinion de l'un, on le flatte en injuriant le parti opposé. Puis, quand on veut obtenir une concession différente, on fait la même manœuvre auprès de ce parti qu'on a d'abord injurié, et qui se trouve momentanément un objet de préférence. Comme en France, malgré les efforts et les exemples des missionnaires et de leurs adhérens, on n'est pas devenu bête et aveugle, on ne tarde pas à voir combien cette politique est ignoble et maladroite. Les partis (puisque parti il y a) s'aperçoivent qu'on les joue, et dans leur indignation ils sifflent ceux qui ont cru les duper. Alors les *bons citoyens* auxquels s'adressent les sifflets et les huées se frottent les mains et disent : Voyez comme nous sommes habiles, tout le monde nous siffle, preuve que nous faisons des prodiges, et que notre système est le meilleur de tous les systêmes; aussi nous garderons-nous d'en changer.

Sublime résolution ! et qui promet à la liberté un bel avenir ! C'est d'après cela qu'on continuera de parler de la charte avec le plus profond respect et la plus apparente admi-

ration , qu'on ne demandera qu'à combattre
sur le terrain de la charte , et que cependant
on en éludera toujours l'exécution sous pré-
texte des circonstances, des passions, des ménagemens , etc. On dira que tous ceux qui
veulent l'exécution pure et simple de la charte
sont des enragés, des frénétiques, qui veulent
le bouleversement de l'état, car il est convenu
de nos jours que c'est vouloir le bouleversement de l'état , que de demander qu'on en
respecte la loi fondamentale. On ne recon-
naîtra de modérés, *de bons citoyens*, de vrais
constitutionnels, ou plutôt de constitutionnels
comme il en faut, que ceux qui , ne se sou-
ciant nullement de la constitution , sont toujours prêts à la morceler, à l'éluder, à la
commenter, sur la simple manifestation d'une
fantaisie ministérielle , ou qui, pour plus de
commodité, proposent d'ajourner à un siècle
son exécution. Pour prouver que c'est ainsi
qu'il faut procéder , on injuriera tous ceux qui
ne sont pas imbus de ce *constitutionnalisme
bâtard* , car c'est un des caractères de la modération ministérielle si prônée de nos jours,
de se signaler par de bonnes injures contre les
opposans, de les attaquer dans les journaux
par de bonnes diatribes, de bonnes person-

nalités ; procédé d'autant plus noble, d'autant plus généreux, que ceux qu'on attaque ainsi n'ont pas la même voie pour se défendre contre cette acariâtre modération. Les journaux ne sont ouverts qu'aux élus, et sont impitoyablement fermés à tous ceux qui osent avoir une opinion qui n'est pas celle des ministres. Il ne reste donc à ces réprouvés que les brochures pour répondre, et gare à eux s'ils sortent un peu des bornes de la circonspection, le grand investigateur des provocations indirectes est à l'affût, et ne les laissera pas échapper.

C'est ainsi, Messieurs, que vous marchez triomphans et que vous vous soutenez contre les attaques. Vainement voudrait-on dire que vous avez tort ; la preuve que vous avez raison, c'est que vous êtes revêtus d'emplois lucratifs, que les titres et les honneurs pleuvent sur vous et les vôtres. Cette preuve sans réplique pour vous, a le même mérite pour beaucoup de monde : tout est pour vous, Messieurs, hormis peut-être l'opinion ; mais que vous importe l'opinion ? N'avez-vous pas entendu à la tribune un oracle vous annoncer, qu'il fallait détrôner cette reine du monde, et loin d'être ses esclaves, qu'il fallait être ses maîtres ? Après une pareille déclaration, que vous reste-t-il à craindre ; combien de moyens d'ailleurs n'avez-vous pas de la maîtriser, de la diriger selon vos vues ? Toutes les trompettes de la Renommée sont à vos ordres ; les journaux dont les décisions ont tant de poids et d'autorité, vous sont tous dévoués, et outre cela, combien d'écrivains courageux, polis, profonds, éclairés, se sont faits vos champions ! Que de plumes trempées dans le fiel le plus âcre quand il faut combattre vos adversaires, ne distillent plus que de l'eau rose quand il est question de vous ! Manquez-vous, pour vous défendre, de publicistes à gages et de bons citoyens dont les nobles sentimens, les courageuses déclamations sont hypothéquées sur les fonds de la police ?

Hélas ! ce moyen qu'on pouvait croire si puissant, a bien perdu de son efficacité. Ce ne sont pas les écrivains dévoués qui manquent ; mais on n'en peut pas dire autant des lecteurs. L'attention publique qui accueille si avidement les écrits de l'opposition, reste glacée sur les vôtres. Témoin ce triste et froid *Spectateur* qui, se traînant de livraisons en livraisons, porte sur son front décoloré le signe de sa mort prochaine. Vainement les journaux

ont reçu l'ordre de l'annoncer avec l'accompa-
gnement de louanges obligé ; vainement des
distributions gratuites ont révélé au public la
continuation de sa chétive existence, le public quelquefois si opiniâtre, s'obstine à ne
pas le lire, et bientôt ce malheureux avorton
ira s'engloutir dans la nuit éternelle où sa place
est marquée près de celle du *Publiciste*. Triste
destinée qui prouve que les Français savent à
quoi s'en tenir sur les constitutionnels de circonstance, et qu'ils ont peu de confiance dans
les *bons citoyens* qui touchent régulièrement
à la fin du mois le montant de leur patriotisme.

Vous avez présenté cette année un spectacle
extraordinaire : du milieu de vous se sont
élevées quelques voix éloquentes qui ont osé
plaider la cause de la raison contre les volontés du pouvoir. Ces hommes qui ne croient
pas devoir sacrifier leur conscience à leurs af-
fections, et leur réputation à leur crédit, ont
défendu les principes éternels que leurs collégues foulaient aux pieds avec une si commode complaisance, et l'un d'eux, non moins
éloquent orateur que vertueux citoyen, a
soulevé le premier un coin du voile sanglant
qui couvrait le hideux tableau des horreurs

exercées à Lyon. Honorable résistance, qui fait voir à tous ceux d'entre vous qui sentent leur dignité, qu'on peut occuper un emploi du gouvernement sans soumettre son intelligence, sa raison, sa conscience aux fantaisies du pouvoir du jour, et qu'on sert mieux ce gouvernement même en s'opposant à de funestes empiétemens, qu'en se faisant l'instrument servile des volontés d'un ministre. Cette fermeté qui honore tant ceux qui l'ont déployée, n'a pas trouvé beaucoup d'ames assez élevées pour l'imiter. Les dissidens ministériels forment un point presque imperceptible dans la chambre, et si je ne me trompe,

Il en est jusqu'à trois que je pourrais nommer.

Que dis-je ? ô surprise ! leur exemple vous a entraînés un moment. On vous proposait de consacrer un principe si absurde, qu'il a triomphé de notre impassibilité et révolté votre condescendance. On voulait vous faire dire que prévenir les délits, c'était les réprimer, et que déposer un livre à la police, c'était le publier. Jamais peut-être votre dévouement n'avait été mis à une plus cruelle épreuve; d'un côté les titres, les emplois, les pensions, les appointemens, les parens, la famille; de l'autre, la raison, la conscience, le public attendant impatiemment pour distribuer les applaudissemens ou les huées.

Vincet amor patriœ laudumque immensa cupido.

La raison a triomphé : avenir, ambition, espérances, fortune, vanité, tout s'évanouit aux accens de sa voix qui tonne dans votre âme. Vainement les patrons furieux usent en désespérés de leurs dernières ressources pour vous ramener à votre devoir ; sourds cette fois, vous ne suivez plus que le sentiment de votre conscience, et le fameux amendement de l'article 8 a passé. Heureux qu'une épreuve douteuse ait nécessité un scrutin par boule, qui conciliant vos scrupules avec vos intérêts, vous a permis de rendre un hommage furtif à la raison, sans vous exposer aux regards indignés des ministres que vous abandonniez dans ce moment décisif.

Vous avez bien réparé depuis cette incartade, et vous avez mérité que le ministère emploie tous ses moyens pour vous conserver tous dans la chambre. Peu vous importe, il est vrai, que les prochains renouvellemens augmentent ou affaiblissent votre masse. Si vous n'êtes pas assez forts pour soutenir le ministère, il tombera ; mais comme il faut toujours qu'il y ait des ministres, vous vous arran gerez avec les nouveaux venus, quel que soit leur systême, et vous ne perdrez rien des avantages dont vous jouissez maintenant. D'ailleurs, que de moyens employés pour que vos rangs ne s'éclaircissent pas! Dans les départemens, où la liberté est si cruellement comprimée , quelle possibilité y a-t-il que les électeurs échappent à l'influence tantôt corruptrice, tantôt menacante des préfets? comment le vœu des citoyens prévaudrait-il contre les ressorts que font jouer l'intrigue et le pouvoir? Tant qu'il en sera ainsi, vous pouvez être sûrs d'être abondamment recrutés chaque année.

Pour moi, je vous l'avoue, je ne serais pas fâché de vous voir un peu moins nombreux. La liberté a besoin de défenseurs, et ce n'est pas parmi les gens à place, à cordons, à brevets, qu'elle doit s'attendre à en trouver. Du reste, je sais rendre justice à vos travaux et à votre conduite. Pendant la session qui vient de s'écouler, hors le seul moment d'oubli qu'on peut vous reprocher, vous vous êtes montrés d'une fermeté imperturbable ; vous avez défendu la loi de recrutement comme vous auriez défendu le concordat; vous avez bravement appuyé les ordres du jour sur les pétitions et notamment sur celles qui dénonçaient des abus de pouvoir; vous avez invoqué à grands cris *la question préalable* sur presque tous les amendemens proposés aux différens projets de loi; vous avez avec une rare intrépidité demandé la clôture des discussions et sur-tout de celle sur le *budget*, où vous craigniez d'entendre encore quelques vérités dures; vous avez fait entendre à propos les murmures d'approbation quand les patrons parlaient; d'improbation , quand c'étaient leurs adversaires; vous avez appuyé le rappel à l'ordre, d'un orateur qui s'exprimait avec une franchise un peu sévère, sur la conduite des ministres; vous avez défendu les dépenses portées au budget des patrons dont vous dépendez; en votant l'augmentation de ces dépenses, vous vous êtes récriés sur l'admirable résultat des économies dont on nous parle sans cesse; vous avez, dans certaines occasions, soutenu que les affaires marchaient à merveille, et que tout était pour le mieux.....

Vous avez bien mérité du ministère!

MESSIEURS DU CÔTÉ GAUCHE,

C'est par vous que je finis, vous qui occupez le dernier rang, et qui, par votre petit nombre, paraissez être la partie la moins considérable de l'assemblée. D'où vient donc que vous exercez une si grande influence, que vos discours sont lus avec tant d'avidité que le ministère croit ne pouvoir déployer contre vous des forces trop imposantes, et que ses attaques n'effleurent pas plus votre réputation et votre popularité, qu'elles n'ébranlent votre volonté? C'est que vous représentez l'opinion de la nation, de cette nation si grande et si résignée, qui n'a été complice ni de l'anarchie ni du despotisme, qui n'a jamais voulu de bouleversement et qui n'en veut point encore, qui ne demande que la constitution qu'on lui a solennellement accordée, mais qui la demande dans toute sa pureté, dans toute son intégrité.

On s'étonne que ce vœu si simple et si juste, dont vous avez toujours été des interprètes si modérés, n'ait pas encore été exaucé. On s'en étonne sur-tout quand on voit que pour le repousser, il a fallu user de tristes subterfuges, de misérables ressources que ne déguisaient aucune apparence de nécessité, aucun vernis de talent, et sur lesquels il a été impossible même à ceux qui l'eussent voulu, de se faire illusion. Le funeste aveuglement qui a fait persister dans le système des lois d'exceptions, système ruiné et miné de toute part, a rendu nécessaire un plan d'hostilités contre vous. On a profité des douloureux souvenirs qu'ont laissés en France les horreurs de la révolution, pour vous représenter comme prêchant les mêmes doctrines que les réformateurs de 1793; on s'est prévalu de la faiblesse de quelques esprits qui croient que la liberté ne peut marcher sans le cortège obligé du bonnet rouge et de la guillotine, pour ameuter contre vous les vieux ressentimens, les haines du passé et les inquiétudes sur l'avenir. On a cru en répétant jusqu'à satiété ces ignobles calomnies, dénaturer, aux yeux de tous, vos pures et généreuses intentions.

La lice est ouverte à vos détracteurs ; pour vous attaquer, il n'y a pas de précautions à garder, tous les moyens sont bons : on n'a pas à craindre que les tribunaux découvrent dans les diatribes dirigées contre vous, des *provocations indirectes.* Comme on est censé ne voir en vous que des représentans de l'esprit révolutionnaire, c'est toujours une action louable que de vous injurier ; votre opposition ne tend, dit-on, qu'à tout bouleverser. Une autre opposition bien plus passionnée, bien plus active que la vôtre, est jugée tout différemment ; les excès de celle-là sont près de la vertu ; les vôtres sont probablement près du crime ; l'une est traitée avec indulgence, et vous sans miséricorde. Les journaux sont une arène ouverte où vos adversaires peuvent vous combattre avec d'autant plus d'avantage, qu'il ne vous serait pas permis de leur y répondre, quand même vous daigneriez vous abaisser jusques-là. Il n'est pas enfin un grimaud soudoyé par la police, qui n'ait son franc parler sur votre compte, et qui ne vous honore de ses injures vénales.

Ajoutez à ce déchaînement l'éloignement où vous êtes de toutes les voies de la faveur. Vous ne possédez pas d'emplois, votre recommandation est plus nuisible qu'utile, et tout votre crédit ne s'étendrait peut-être pas jusqu'à faire donner un bureau de tabac à l'homme que vous protégeriez.

Chose étrange! au milieu de cet isolement, de cette défaveur, vos noms sont prononcés par - tout avec éloge, hormis dans les journaux et dans les pamphlets commandés. Ces noms sont en vénération aussi-bien dans les obscurs hameaux que dans les cités populeuses. Enfin les étrangers, spectateurs désintéressés de nos débats, vous rendent une justice que quelques-uns de vos concitoyens vous refusent. Il ne faut pas chercher bien loin la raison de tout cela, on la trouve dans cet instinct merveilleux, dans ce tact exquis avec lesquels une nation aussi éclairée que la nôtre sait apprécier tout ce qui l'intéresse. Elle ne juge pas les hommes par les déclamations, par les injures, par les vociférations dont ils sont l'objet; mais par leurs principes, par leur conduite, par leurs actions. Comment eût-elle pu adopter les préventions qu'on voulait lui donner contre vous, en quoi les avez-vous

justifiées, quand votre conduite a-t-elle an-
noncé des factieux, des révolutionnaires, des
rebelles?

Vous avez toujours professé le plus profond
respect pour la charte; mais comme ce respect
n'est pas chez vous une démonstration stérile,
vous avez voulu empêcher qu'on en violât les
dispositions par des lois d'exception perpé-
tuelles, vous avez voulu qu'on respectât les libertés qu'elle consacre; vous avez voulu que rien
n'entravât chez nous le cours de la justice et
l'exécution des lois. Or, est-il quelqu'un qui
ignore que le respect pour les institutions d'un
peuple est le plus sûr garant de la stabilité de
son gouvernement, et sous ce rapport, ne
vous êtes-vous pas montrés plus amis du gouvernement que ceux qui, sous les plus vagues
prétextes, nous refusant sans cesse l'exercice
de nos libertés, semblaient ne pas s'aperce-
voir qu'ils pouvaient le dépopulariser et faire
soupçonner sa loyauté?

Combattant pour la liberté publique et non
pour des intérêts particuliers, défendant les
principes et ne faisant aucune acception des
personnes, on ne conçoit guère que vous puissiez être, pour les ministres, l'objet d'une si
vive inimitié. En effet, vous les avez attaqués

quand vous avez cru que votre devoir vous y obligeait, mais sans aigreur, sans personnalité. Vous avez censuré leur conduite et non calomnié leurs intentions. Quand, vous avez cru que leur marche était funeste au bien public, vous l'avez dit; mais mettant tout sur le compte de l'erreur, vous ne les avez point accusés de conspirer, de vouloir saper le trône, renverser la monarchie; imputations odieuses dont l'autre opposition a été si libérale envers eux. Vous n'avez jamais montré aucune animosité personnelle. Quand ils ont voulu marcher dans la ligne constitutionnelle, vous les avez secondés avec autant de chaleur que vous en avez mis à les combattre, quand ils s'en sont écartés. Vous avez approuvé, loué, soutenu tout ce qu'ils ont fait de bon, d'utile, d'honorable pour la nation. Est-ce donc ainsi que se conduisent des ennemis de l'ordre, des gens qui veulent renverser le gouvernement? Après cela, n'y a-t-il pas de quoi sourire de pitié, encore plus que d'indignation, quand on entend les directeurs gagés de l'opinion publique dire que les *soi-disant indépendans* ne sont que des héritiers des factions révolutionnaires qui les ont précédés sous diverses dénominations?

Pourquoi donc vous en veut-on tant à vous, qu'il serait si facile de satisfaire ? Vous ne demandez rien pour vous-mêmes ; vous ne fatiguez pas les ministres de sollicitations pour vos parens, pour vos amis ; vous voyez sans déplaisir, comme sans envie, les faveurs qui s'accumulent sur vos adversaires ; vous ne vous embarrassez pas dans quelles mains sont le pouvoir et les emplois, pourvu que des institutions fortes, sages, nécessaires, garantissent la liberté de toute atteinte. Nous avons une charte constitutionnelle, et vous voulez l'exécution de la charte constitutionnelle ; voila à quoi se réduisent toutes vos prétentions. Vainement veut-on faire croire que si on vous accordait ce point, vous n'en resteriez pas là, et vous deviendriez plus exigeans. On a mauvaise grâce à tenir ce langage ; qu'on vous fasse seulement subir cette épreuve, c'est tout ce que vous et la nation demandez.

Vous avez, dans la session qui vient de s'écouler, dignement servi la liberté, dont la cause sainte voit en vous ses plus chers soutiens. La France n'oubliera pas avec quelle force de raison et d'éloquence vous avez combattu la loi sur la presse, avec quelle chaleur et quel patriotisme vous avez soutenu la loi sur le recrutement. Elle n'oubliera pas non plus que, pénétrés de l'importance de votre mandat, vous n'avez pas regardé le vote de l'impôt comme une de ces choses qu'on peut traiter légèrement. Vos discours lui ont appris combien vous avez médité sur sa position, sur ses ressources, sur ses besoins. Un de ces discours, le plus remarquable peut-être de la session, n'a pu être achevé. Mais ce rappel à l'ordre n'a pas dû affliger celui qui l'a subi. Il est beau de souffrir pour la vérité et d'oser la dire à ceux qui n'ont pas le courage de l'entendre. Cet orateur doit se rappeler d'ailleurs qu'un de ses collégues obtint le même honneur en plaidant les droits de l'humanité à une époque désastreuse, et que cette glorieuse disgrâce acheva d'illustrer son nom déjà cher aux amis de la liberté.

Puisse, Messieurs, pour la prospérité, pour l'honneur de la France, votre nombre s'augmenter par les prochaines élections plus encore qu'il ne l'a été par les dernières! Ce résultat n'est pour ainsi dire pas douteux, car les Français ne peuvent prendre le change sur tout ce qui touche au bien public. Revenez alors à la tribune éclairer la nation sur ses intérêts, la consoler de ses malheurs, la ras-

surer sur son avenir. Revenez faire succéder
les accens du patriotisme au silence où nous
allons rester plongés jusqu'à votre retour,
puisque, d'ici-là, il n'y aura plus de sûreté
pour personne à parler.

Maintenant votre tâche est remplie, allez
vous délasser de vos travaux; l'estime de tous
les Français vous suivra dans votre retraite;
par-tout vous trouverez dans l'affection de vos
concitoyens le prix de votre zèle à remplir vos
devoirs; vous les entendrez vous rappeler les
services que vous avez rendus, et vous dire
avec l'accent de la franchise et de la reconnaissance :

« Vous vous êtes montrés inviolablement
« attachés à la constitution et à la liberté ;
« vous avez combattu tout ce qui pouvait y
« porter atteinte; vous avez plaidé les droits
« de ces guerriers, honneur immortel du nom
« français; vous avez rendu hommage à leurs
« services trop long-temps méconnus, trop
« souvent calomniés ; vous avez exprimé le
« vœu éminemment national, qu'on ne leur
« préfère pas plus long-temps des étrangers
« chèrement achetés ; vous avez plaidé la cause
« des malheureux qui languissent dans l'exil.
« La voix de l'infortune, le cri de l'opprimé

« n'ont jamais vainement frappé votre oreille.
« Vous avez provoqué avec une vertueuse
« indignation la punition des fonctionnaires
« coupables d'abus de pouvoir ; vous avez
« demandé que le sol français fût purgé de
« l'occupation étrangère ; vous n'avez jamais
« craint de répéter ce souhait généreux.

« Vous avez bien mérité de la patrie ! »

FIN.